착취와 파괴로 범벅되어
우리에게 온 작물 이야기
플랜테이션 세계사

illustration+storia('역사'의 이탈리아어)의 합성어로,
우리와 세계 모든 이들이 함께 이룩한 역사가 일러스트를 만나 태어난, 알기 쉬운 역사 교양 시리즈입니다.

착취와 파괴로 범벅되어 우리에게 온 작물 이야기

플랜테이션 세계사

illustoria 009

초판 1쇄 인쇄 2025년 6월 1일
초판 1쇄 발행 2025년 6월 5일

지은이   기획집단 MOIM
그린이   김지하
펴낸이   김연희

펴 낸 곳   그림씨
출판등록   2016년 10월 25일(제406-251002016000136호)
주   소   경기도 파주시 광인사길 217(파주출판도시)
전   화   (031) 955-7525
팩   스   (031) 955-7469
이 메 일   grimmsi@hanmail.net

ISBN 979-11-89231-65-1 03300

착취와 파괴로 범벅되어
우리에게 온 작물 이야기

플랜테이션 세계사

기획집단 MOIM 글 · 김지하 그림

그림씨

프롤로그

누구나 입고, 먹지만 너무나도 몰랐던 이야기, 플랜테이션

대한민국에서 살아가는 우리는 하루가 다르게 유행하는 옷을 갈아입고,

바나나부터 달콤한 커피, 아보카도, 파인애플, 초콜릿 등 우리나라

농촌에서는 찾아볼 수 없는 온갖 음식도 즐깁니다.

그렇다면 우리가 즐기는 그 많은 음식과 옷의 재료는

어디서 오는 것일까요?

대형 마트에 쌓여 있는 수많은 먹거리는 도대체 누가 재배하는 것일까요?

그렇습니다.

우리가 즐기는 수많은 음식과 옷의 재료는

우리와는 멀리 떨어진 곳에서 옵니다.

우리가 단 한 번도 가 본 적 없는 장소에서, 단 한 번도 만나 본 적 없는

사람들이 온종일 땀 흘리며 수확한 것들입니다.

그런 소중한 것들을 우리는 편안히 앉아 값싸게 즐기고 있습니다.

그렇다면 우리는 그런 것들에 대해 모른 채 살아가도 되는 것일까요?

지구상에서 살아가는 모든 이들을 우리 이웃이라고 여긴다면,

모두가 함께하는 인류 공동체의 일원이라면, 그래서는 안 될 것입니다.

우리가 그들과 함께할 수는 없다 하더라도, 그들이 얼마나 힘들여, 그리고

어떤 대우를 받으면서 일하는지는 알아야 하지 않을까요?

교과서와 참고서, 나아가 역사 책과 경제학 책에 자주 나오는

'플랜테이션'이라는 단어에는 우리가 모르는 수많은 비밀이 숨어 있습니다.

어떻게 바나나와 면직물이 오늘날 전 세계에 널리 퍼지게 되었는지.

왜 커피와 아보카도를 재배하는 사람들은 평생을 고통 속에 살아가는

반면, 누군가는 그것들을 편히 앉아 값싸게 즐길 수 있는지.

그 과정에서 누가 큰돈을 벌고, 누가 가난을 짊어지고 살아가는지.

그리고 왜 열대우림이 하루가 멀다고 사라져, 급기야 지구온난화로

이어지는지. 이 모든 궁금증 뒤에는

'플랜테이션'이라는 놀라운 산업이 자리하고 있습니다.

수백 년 전, 처음 플랜테이션 농업이 탄생한 후 인류는 값싼 농작물을 풍요롭게 이용하게 되었습니다. 하지만, 그 이면에는 이용하고 즐기는 인류 대신 피를 흘리고 평생 땀 흘리는 이들이 있습니다.

이 책은 그 이면을 여러분께 소개해 드릴 예정입니다.

그리고 맛있는 음식을 즐기고 멋진 옷을 입으면서,

단 한 번이라도 우리를 대신해 고생하는 누군가를 떠올리기를 바랍니다.

그 길만이 지구를 살리고, 함께 살아가는 이웃들을 고통 속에서 구하는 일일 테니까요.

차
례

2부 여섯 가지 상품 작물을 통해 바라본 진실
착한 플랜테이션은 없다?

1부

플랜테이션,
수탈의 역사

농경 사회, 계급의 탄생

농사법을 발견하기 전, 인류는 수렵과 채취로 살아갔습니다.

하지만 농사를 지으면 훨씬 많은 양식을 수확할 수 있다는

사실을 깨달으면서, 농경 사회로 진입하게 되었죠.

농경이 시작되면서 많은 사람이 한 지역에 정착해

공동생활을 영위하기 시작했습니다.

그들은 자신들에게 필요한 식량을 두루 재배하였고

필요한 물건도 직접 만들어 사용했습니다.

자급자족 경제가 시작된 것입니다.

시간이 흐르자 인구가 증가했습니다.

사람들은 경작지를 넓혀 나가야만 했죠.

더 많은 사람이 살기 위해서는

더 많은 식량과 물품이 필요했기 때문입니다.

그러자 새로운 제도도 필요하게 되었습니다.

많은 식량과 물품, 그리고 함께 살아가는 사람들도 관리해야

했기 때문입니다.

모든 사람들이 굶주리지 않고 살기 위해서는 법과 질서는 물론 다양한

농작물과 물품을 생산, 보관하고 분배하는 체제도 갖추어야 했죠.

이렇게 해서 사회가 탄생하게 됩니다.

법과 질서, 행정 체제를 갖춘 사회가 탄생하자 당연히

신분제도도 생겨났습니다.

신분제도는 사회를 유지하고 발전시키는 데 필요한 역할을

전문적인 능력을 갖춘 사람들에게 맡기는 긍정적인 기능을 하였습니다.

반면에 높은 신분의 사람들에게 권력이 집중되고,

낮은 신분의 사람들은 의무만을 지게 되는 부작용도 발생하였습니다.

신분제도가 자리를 잡자

지도자는 자신의 위력을 널리 과시하고자 했습니다.

그러기 위해서는 더 넓은 지역이 필요했죠.

현대와 달리 고대에는 오직 소유한 땅의 크기만이 힘이었기 때문입니다.

그래서 옆 나라를 침략해 지역을 점령해야 했습니다.

패배한 지도자는 자신이 다스리던 지역을 통째로 빼앗기기도 했죠.

그 결과 인류는 전쟁을 통해 더 넓고 큰 나라를 건설하기 시작했습니다.

그 과정에서 패하여 밀려난 사람들은 노예로 전락하기도 했습니다.

대토지 소유제 등장

로마제국은 오랜 기간 세계에서 가장 드넓은 지역을 다스린 것으로
유명합니다.
처음에는 작은 도시 국가였던 로마는, 주변 지역을 하나둘 점령하면서
영토를 넓혀 갔습니다. 점령한 토지는 국유화하였으며
이 토지는 강력한 힘을 가진 지도자가 사적으로 사용했죠.
수백 년에 걸쳐 로마는 세력을 점차 확장했고
그만큼 국유지 또한 확대되었습니다.
로마가 지중해 세계를 점령하자 토지는 더 드넓어졌고
노예 또한 그만큼 불어났습니다.
로마의 지도자들은 그 땅과 노예를 이용해 더 큰 이익을 얻고자 했습니다.
이를 가리켜 '라티푼디움(latifundium)'이라고 부릅니다.
라티푼디움은 라틴어로 '드넓은 토지'를 뜻하는데
오늘날 '대토지 소유제'라고 부릅니다.

라티푼디움은 노예를 이용해 경작한 '직영지'와 농부에게 땅을 빌려준 뒤
수확물의 일정 부분을 돌려받는 '소작지'로 나눕니다.
한편 직영지에서는, 단일 작물을 재배하는 것이 훨씬 수익이 높았습니다.
그 지역 기후와 풍토에 가장 알맞은 작물을 재배하면
수확이 늘어났기 때문입니다. 또 규모의 경제*도 작용했습니다.
그 결과 올리브, 와인용 포도 같은 작물이 드넓은 지역에서 재배되었죠.

*   생산량이 늘어남에 따라 평균 비용이 줄어드는 현상을 의미한다.

하지만 노예들이 포도나 올리브만 먹고살 수는 없습니다.
그래서 그들을 위한 식량은 다른 곳에서 가져와야 했죠.
이렇게 해서 자급자족 농업은 사라지고
그 자리를 단일 작물 재배 경제가 대신하게 되었습니다.

로마에서 시작한 대토지 소유제는 유럽 여러 나라로
퍼져 나갔습니다. 이때부터 인류는 농사를
자급자족을 위한 활동보다는, 수익을 목표로 하는
경제 활동으로 사용하기 시작했습니다.

신대륙 발견,
플랜테이션의 시작

1492년, 이탈리아 출신 크리스토퍼 콜럼버스(Christopher Columbus,

1450-1506)가 유럽 서쪽을 향해 항해에 나섰습니다.

아메리카 대륙의 존재를 상상도 하지 못한 그는

당연히 인도와 주변 지역을 탐험하겠다는 목표를 세웠습니다.

인류를 위해 신대륙을 발견한다는 숭고한 의지 따위는

존재하지 않았습니다.

그는 항해를 통해 섬이나 대륙을 발견하면, 그곳의 부왕(副王) 겸 총독이

되고, 이 지위는 종신토록 유지하며, 그 지역에서 발생하는 이익의

10%도 자신의 몫으로 하는 등 큰 이익을 갖는다는 내용의

협약을 스페인 왕과 맺었습니다.

어마어마한 이익을 위해 위험한 항해에 나선 콜럼버스는
그의 뜻대로 유럽인들이 모르던 낯선 땅에 발을 내딥니다.

콜럼버스가 새로운 땅을 발견했다는 소식이
유럽에 퍼져 나갔습니다.
이때부터 아메리카 대륙에 유럽인들이 발을 들여놓기
시작했습니다. 그들의 목적은 콜럼버스가 그랬듯 금은보화를
얻는 것이었습니다. 혹은 금은보화가 없다면 또 다른 이익을
얻기 위해서였죠.

카리브해에 산재한 섬들은 순식간에 유럽인들 수중에
들어가고 말았습니다.
그러나 카리브해에는 금은보화 대신 유럽인들이 가지고 온
전염병에 취약한 원주민들이 있을 뿐이었습니다.
금은보화를 찾아 헤매던 유럽인들의 놀라운 무기 앞에
카리브해, 나아가 아메리카 대륙 원주민들은 속수무책으로
당할 수밖에 없었습니다.
마야 문명, 잉카 문명, 아즈텍 문명 등 오랜 세월에 걸쳐 일군
놀라운 문명들이 파괴되었습니다. 문물 가운데 장식품들
역시 보석만 캐내면 여지없이 파괴되고 말았습니다.

천연두

원주민들은 그 무렵 첨단 무기로 무장한 유럽인들과의 싸움에서 살해되고, 살아남은 이들은 유럽인들이 퍼뜨린 천연두를 비롯한 새로운 전염병에 걸려 몰살당할 운명에 처했습니다.

고작 백여 년 만에 카리브해와 중앙아메리카, 남아메리카 지역에 거주하던 원주민 거의 모두가 사라졌습니다.

유럽인들이 상륙한 아메리카 대륙에는 이제 황폐한 땅만 남았습니다. 그러자 유럽인들은 놀라운 아이디어를 냈죠.

이렇게 해서 로마제국에서 시작한 대토지 소유제, 즉
라티푼디움이 아메리카 대륙에서 새로이 태어납니다.
그러나 새롭게 태어난 라티푼디움은 고대 로마 시대와는
비교할 수 없을 만큼 잔인했습니다.
우선 유럽인들은 원주민이 거주하던 이 땅을
자신들의 것으로 만들었습니다.
오늘날 쿠바, 도미니카공화국,
바하마, 자메이카, 푸에르토리코 등
모든 카리브해 섬들이 유럽인 손에
들어갔죠.
이 지역을 부왕령(副王領)으로 만든 후
소유하는 것이었습니다.
이는 식민 지배를 하기 위해
스페인에서 시행한 제도입니다.
드넓은 지역을 몇 개의 구역으로
나눈 후, 국왕을 대신해 부왕이
통치하게 했죠.

■ 누에바에스파냐 부왕령
■ 누에바그라나다 부왕령
■ 페루 부왕령
■ 라플라타 부왕령

스페인의 부왕령은 16세기부터 18세기까지
운영됐으며, 이곳에서 많은 자원을 얻으며 부를
확보했다.

침략자들은 그렇게 확보한 드넓은 땅에 농장을 만들었습니다.

그리고 그 땅에 농작물을 경작하기 시작했죠.

그 농작물들은 자급자족을 위한 것도 아니었고

자신들이 먹기 위한 것도 아니었습니다.

그 농장에서 일하는 일꾼들을 위한 건 더더욱 아니었죠.

바로 유럽에서 필요로 하는 작물들이었습니다.

한마디로 농작물을 '상품'으로 재배하기 시작한 것입니다.

처음으로 재배한 작물은 담배였습니다.

담배 원산지는 남아메리카로 알려져 있습니다.

처음 아메리카 대륙에 상륙한 유럽인들은 원주민들이

피우며 즐기는 이 물건이 무엇인지 몰랐습니다.

그러나 '담배'라는 것을 알고 난 뒤, 그들 역시 담배를 좋아하게 되었죠.

유럽으로 돌아온 사람들은 담배를 가져왔고

유럽인들 역시 담배를 즐기기 시작했습니다.

유럽에서 담배 수요가 증가하자, 상인들은 아메리카에서 담배를 재배한 뒤

유럽으로 가져와 판매했습니다. 담배 장사는 호황을 맞았고, 침략자들은

아메리카의 넓은 땅에
경작지를 조성한 후
담배를 재배하기
시작했습니다.

흡연 클럽
프레드릭 윌리엄 페어홀트의
《담배, 그 역사와 연관성(1859년)》에 담긴 삽화.

이처럼 드넓은 땅에 한 가지 작물만을 재배하는 농업이
아메리카 대륙에서 시작된 것입니다.

이것이 '플랜테이션(plantation)'의 출발입니다.

플랜테이션은
'열대 또는 아열대 지방에서
자본과 기술을 지닌 구미인*이
현지인의 값싼 노동력을 이용하여
특정 농산물을 대량으로 생산하는
경영 형태'를 가리킵니다.

전혀 없던 새로운
농업 형태죠.

* 구미인(歐美人)은 유럽 주와 아메리카 주에 사는 사람들을 아울러 이르는 말이다.

플랜테이션을 위한
노동력을 포획하라
레파르티미엔토와 엔코미엔다

드넓은 땅에 농작물을 경작하기 위해서는 엄청난 노동력이 필요합니다.

그러니까 수많은 노동자를 동원해야 하는 플랜테이션 농업은 쉬운 일이

아니란 의미죠.

그러나 침략자들은 손쉬운 방식을 찾아냈습니다.

바로 '레파르티미엔토(repartimiento)' 입니다.

스페인 왕실이 처음 시행한 이 제도는, 원주민의 토지와 노동력을 사용할

수 있는 권리를 왕실의 대리인에게 부여하는 것이었습니다.

* '분배, 분할'이라는 뜻의 스페인어.

이사벨 1세(Isabel I, 1451-1504, 재위 1474-1504)

이뿐만 아닙니다. '엔코미엔다(encomienda)'*라는 제도 역시
스페인이 남아메리카 식민지를 관리하기 위해 만들었습니다.
착취와 전염병 등으로 인해 원주민 인구가 급격히 줄어들자
스페인 왕이 시행한 제도로, 스페인에서 건너온 이들을
식민지의 통치자로 임명하여 원주민을 보호하도록 하는
한편, 토지와 원주민에 대한 권리를 부여한 것입니다.
이 제도에 따르면, 통치자는 원주민들을 적들로부터
보호하면서 기독교로 개종시키는 동시에
교육도 시켜야 했습니다.
그러나 이런 의무를 지키는 통치자는 거의 없었죠.
그 대신 원주민의 노동력 착취에만 몰두했으며
토지와 원주민 소유 권리를 세습하기에 이르렀습니다.

* '위탁, 위임'이라는 뜻의 스페인어.

이러한 악습을 본 몇몇 선교사들의 저항으로, 이 제도는
얼마 가지 못했습니다. 그러나 실제로는 이후에도
오랫동안 지속되며 원주민들을 괴롭혔습니다.

엔코미엔다 제도의 남용을 보여 주는 16세기 《코덱스 킹스버러
(Codex Kingsborough)》* 삽화.

---

*   스페인의 아메리카 식민지화가 시작된 후 원주민 학대를 설명하는 메소아메리카 그림
     원고이다.

아시엔다

마지막으로 추진되고, 오늘날까지 악습처럼 전해 오는
제도가 있습니다. 바로 '아시엔다(hacienda)'입니다.
레파르티미엔토와 엔코미엔다가 많은 부작용을 일으키자
새로이 고안된 아시엔다는, 오늘날까지 중남미 여러 지역에
흔적이 남아 있는 제도로 유명합니다.
아시엔다는 대토지 소유 제도를 가리킵니다. 그러나
실제로는 단순한 대토지 소유가 아니라, 대토지를 근거로
수많은 원주민을 족쇄로 묶어 착취하는 노예제도입니다.
특히 아시엔다는 대규모 토지가 반드시 필요한 플랜테이션
농업에는 필수적인 제도였죠.

스페인에서 건너온 이들이 원주민의 땅을 소유하는 방식에는
여러 가지가 있었습니다.

그 외에도 원주민의 토지를 강제로 빼앗는 방법은 다양했습니다.

더욱 놀라운 사실은 토지를 강탈하는 이유가

우리가 상상하는 것과는 차원이 다르다는 것이었죠.

그때부터 원주민들은 노예제도가 사라진 이후에도

아니, 현대에 이르기까지 오갈 데 없이 땅에 예속된

노예에 버금가는 처지로 살아갈 수밖에 없게 되었습니다.

원주민들을 옭아매는 또 다른 족쇄도 있었죠.

바로, 채무 노예로 만드는 것입니다.

이런 방식의 지배로 인해 원주민들은 평생, 아니

대를 이어 대토지 소유주에게 빚을 진 노예로

살아갈 수밖에 없었습니다. 이뿐만이 아닙니다.

수탈은 물론 채찍질 같은 폭력의 희생양이기도 했습니다.

그 외에도 아시엔다는 그만의 특성을 지니고 있습니다.

자급자족적 경제 단위이기도 했죠.

넓은 경작지, 그리고 양과 소를 사육하는 목초지, 땔감과

집을 짓는 데 필요한 목재 생산용 숲, 농기구 작업장, 나아가

교회, 상점, 감옥까지 한 나라가 갖추어야 할 모든 기관을 갖추고

있었습니다.

아시엔다의 중심은 당연히 농장주와 그의 가족이 머무는 대저택입니다.

이 저택은, 농민들이 사는 볏짚 또는 벽돌로 허름하게 지은 움막집과

대비되었습니다. 집안에 갖춘 물건 역시 큰 차이를 보였죠.

이러한 불법적이며 비윤리적인 제도가 중남미에서는 20세기 후반까지

이어졌으며, 그와 비슷한 흔적은 오늘날에도 전해오고 있습니다.

오늘날 중남미가 세계에서도 가장 빈부격차가 심한 지역이 된 데에는

이러한 역사적 배경이 자리하고 있는 셈입니다.

사라진 원주민,
노예 무역이 시작되다

원주민들은 체력이 약했습니다.

혹독한 노동을 견디지 못했고, 또 유럽인들이 가지고 들어온

전염병에도 취약했죠.

한편, 기독교 선교사들 가운데는 원주민들에 대한

가혹한 노예제도에 반대하는 이들이 늘어나기 시작했습니다.

유럽에서도 아메리카 원주민에 대한 노예제도 철폐를

요구하는 목소리가 높아갔죠.

결국 카리브해 연안 섬의 원주민들은 대부분 사망하고

남은 이들을 노예로 사용하는 것 역시 금지되자

플랜테이션 농장에서 일할 노동력은 급격히 감소했습니다.

이때, 농장에서 일할 일꾼들을 구할 수 없게 된 유럽인들은

놀라운 생각을 떠올립니다.

아프리카에서 노예를 수입하겠다는 발상이었죠.

원주민들의 착취에 대해 비난하던 선교사들조차

아프리카 노예에 대해서는 특별히 문제 삼지 않았습니다.

이때부터 유럽인들은 일하는 물건, 즉 노예를 구하려고

애쓰기 시작했습니다.

이른바 '삼각 무역'이라고 부르는 방식을 통해서 말이죠.

유럽 상인들은 아프리카 부족장들에게 총과 옷감, 술 같은
기호품을 제공하고 노예를 얻었습니다.

시간이 흐르면서 교환할 노예가 부족해지자, 직접 나서서
노예 사냥을 하기도 했죠. 그렇게 구한 노예를
노예선에 싣고 아메리카 대륙으로 향하였습니다.

아메리카 대륙의 플랜테이션 농장주들은
사라져 가는 원주민 대신 기계처럼 일할
아프리카인들을 구매했습니다. 그리고 그 대가로
농장에서 재배한 담배, 설탕, 면화 등을 제공했죠.

노예를 공급한 유럽 상인들은 아메리카 대륙에서 구한
담배, 설탕, 면화 등을 유럽으로 싣고 가
높은 가격에 판매하였습니다.

그렇게 해서 유럽–아프리카–아메리카로 연결되는
삼각 무역이 오랜 기간 이어졌습니다.

이때 아프리카에서 아메리카로 운송된 노예 숫자가 모두
얼마나 되는지는 학자에 따라 다릅니다.
그 이유는 노예 무역에 대한 통계를 남기지 않은
이유도 있지만, 아프리카를 출발할 때 실은 노예 숫자와
목적지에 도착한 노예 숫자가 다르기 때문이기도 합니다.
앞서 언급했듯이 당시 노예는 사람이 아닌 물건이었습니다.
짐짝 취급으로 인해 수많은 노예가 항해 중 목숨을 잃었죠.
가슴을 맞대야 할 정도로 빼곡히 실은 까닭에
움직일 수조차 없어 대소변은 물론 온갖 노폐물이
그들을 괴롭혔습니다. 이는 당연히 질병으로 이어졌죠.
인간으로서 수치심을 느낀 많은 이들은 최소한의 음식도
거절하고, 자결을 하기도 했습니다. 이뿐만 아니라
많은 이들이 학대와 폭력으로 목숨을 잃었습니다.
그런 과정을 거쳐 아메리카 대륙에 도착한 아프리카인은
일반적으로 천만 명 내외에 달한다고 추정합니다.
힘겹게 살아남은 아프리카인들은 플랜테이션 농장에서
삶을 끝마칠 때까지 노예로 일해야 했습니다.

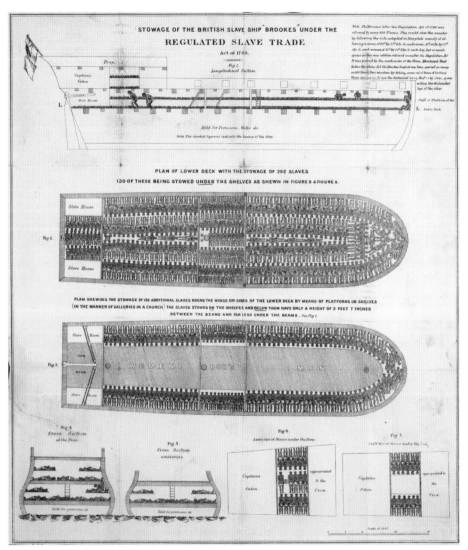

1788년 영국 노예 무역선 브룩스호의 구도
영국 노예제도 폐지론자들이 그린 이 그림은 400명의 노예가 가슴을 맞대고 빽빽하게 들어차 있는
선박을 묘사하고 있다.

2부

여섯 가지 상품 작물을 통해 바라본 진실
착한 플랜테이션은 없다?

플랜테이션의 특징

16세기부터 스페인을 비롯해 포르투갈, 영국, 프랑스 등

유럽 열강들은 앞다퉈 식민지 확장에 나서면서

플랜테이션은 전 세계적으로 확대되었습니다.

그리고 이는 오늘날까지 계속되고 있습니다.

하나의 농업 경영 방식으로 일컫는 플랜테이션은

몇 가지 특징을 가지고 있습니다.

첫째, 플랜테이션 농업은 자급자족 농업이 아니라

산업으로서의 농업입니다. 즉, 수출용 환금작물*을 대규모로 재배하죠.

---

* 환금작물(換金作物)은 돈으로 바꾸는 작물이라는 뜻으로, 자신이 사용하는 것이 아니라
   시장에 내다 팔기 위하여 재배하는 농작물을 말한다.

둘째, 플랜테이션 농업에는 엄청난 규모의 토지와
그 토지를 가꿀 노동력이 투입되어야 합니다.
플랜테이션 농업에 필요한 노동은 적어도 수백 명이
관리자의 통제 아래, 하루에 할당된 몫을 완료해야 하죠.
이는 공장에서 한 라인에 할당된 생산량을 달성해야
일이 끝나는 방식과 다르지 않습니다.
투입되는 노동력이 토지의 주인이 아닌 노동자이거나
소작인이라는 사실도, 공장의 생산품이 노동자 몫이 아니라
공장 소유주의 것이라는 사실과 일맥상통합니다.
플랜테이션 농업에 종사하는 농부들에게, 가장 좋은 상황은
공장의 노동자 취급을 받을 때이고
일반적으로는 노예 취급을 당하였습니다.

셋째, 플랜테이션 농업을 주도하는 주체는 대부분
플랜테이션 농장에서 멀리 떨어진 선진국 또는 다국적 기업입니다.
그리고 그렇게 생산한 물품은 대부분 다른 나라로 수출하죠.
따라서 플랜테이션 농업을 통해 거두는 수익 대부분은 그 나라가 아니라
다른 나라로 이전됩니다. 그 결과 플랜테이션 농업을 통해 아무리 큰
소득을 거두어도, 그 나라 경제 또는 그곳에서 일하는 노동자는 생존에
필요한 소득 외에는 얻는 것이 거의 없습니다.
왜냐하면, 플랜테이션 농업의 장점은 값싼 토지와 노동력을 이용해 거둔
수확물을, 노동력이 비싼 나라에 판매해 큰 수익을 거두는 방식이기
때문입니다.

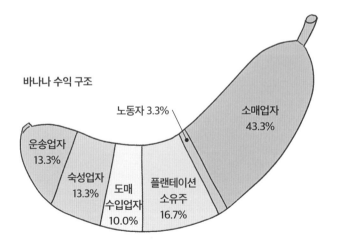

바나나 수익 구조

노동자 3.3%

소매업자
43.3%

운송업자
13.3%

숙성업자
13.3%

도매
수입업자
10.0%

플랜테이션
소유주
16.7%

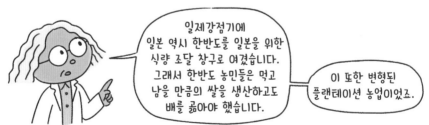

* 구황작물(救荒作物)은 흉년 따위로 기근이 심할 때 주식물 대신 먹을 수 있는 농작물로
  감자, 고구마 등이 있다.

마지막으로, 플랜테이션 농업이 가능한 지역은

전 세계적으로 정해져 있습니다.

우선 드넓은 토지를 보유한 지역이어야 합니다.

토지가 좁으면 특정 작물을 해외에 판매할 만큼 많은 양을

재배할 수 없기 때문입니다. 그리고 그곳을 경작하기에

충분한 노동력이 존재해야 하죠.

또, 열대나 아열대 기후처럼 특정 작물을 재배하는 데 적정한 환경이어야

합니다. 아무리 넓은 땅이라 하더라도 작물이 자라지 않아 신속하게

현금화할 수 없는 지역은 배제될 수밖에 없습니다.

그리고 무엇보다 그 땅을 선진국 혹은 다국적 기업에

우호적인 정부가 지배하고 있어야 합니다.

아무리 좋은 지리적 조건을 갖추고 있어도

모든 시민의 결정과 이익을 우선시하는 나라에서는

플랜테이션 농장을 운영하기 어렵기 때문입니다.

이런 조건을 갖춘 나라는 대부분 오래전부터

유럽 또는 미국 등 강대국의 침략을 받았거나

몇몇 지배 세력의 영향력 아래 놓인 나라들입니다.

오늘날 플랜테이션 농업이 이루어지는 나라들이 대부분

유럽 식민지였거나, 미국의 영향력 아래 놓인 나라거나

독재 체제가 오랫동안 유지되는 나라인 것은 이 때문입니다.

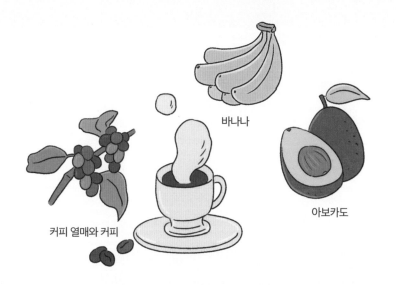

커피 열매와 커피

바나나

아보카도

그렇다면 플랜테이션 농업은 실제로 어떻게 이루어질까요?

면화와 면직물

담뱃잎과 담배

사탕수수와 설탕

노동력 착취의 산물,
담배

담배는 남아메리카가 원산지로 알려져 있습니다.
처음 아메리카 대륙에 상륙한 유럽인들은 원주민들을 통해
담배를 알게 되었죠. 그리고 귀국길에 오른 그들은
담배를 유럽에 소개했습니다. 그때부터 담배는
유럽인들의 열렬한 환영을 받았습니다. 더불어
아메리카 대륙에서 활동한 유럽 지배자와 상인들은
담배가 '황금알을 낳는 거위'라는 사실을 깨달았죠.
그래서 그들은 담배 재배에 어울리는 땅을 찾아, 처음에는
카리브해의 여러 섬, 그 후에는 아메리카 대륙까지
진출했습니다. 그렇게 담배 플랜테이션 농장이
대륙 곳곳에 들어서기 시작했습니다.

모종을 경작지에 옮겨 심어
담뱃잎를 키운다.

담뱃잎을 키우기 위해선 농약
사용은 필수이다.

노동자가 일일이 담뱃잎을
수확한다.

수확한 담뱃잎을
노동자가 일일이
줄에 엮은 후
건조한다.

말린 담뱃잎

'궐련'은 종이로 가늘고 길게
말아 만든 담배로, 공장에서
대규모로 제조한다.

'파이프 담배'는 담뱃잎을 잘게
썬 것을 파이프에 넣어 피우는
것인데, 수작업으로 이루어진다.

'시가'는 숙성된 담뱃잎을 말아
만든 고급 담배로, 이 역시 모든
과정이 수작업으로 이루어진다.

담배 농사는 모든 플랜테이션 농작물이 그러하듯
노동 집약적 산업입니다. 모종을 옮겨 심는 것부터
수확, 건조까지 대부분 수작업으로 이루어지죠.
그래서 담배 플랜테이션에서는 기계나 도구보다는
노동력이 더 중요한 생산 요소입니다.
당연히 생산성을 높이기 위해 노동력 착취는 극심했으며
이를 통해 담배 플랜테이션은 성장할 수 있었습니다.
카리브해 여러 섬에서 출발한 담배 플랜테이션은
멕시코, 브라질, 북아메리카 그리고 후에는
인도네시아까지 퍼져 나갔습니다.

그러나 담배 플랜테이션이 널리 확산되자

담배 생산으로 인한 수익은 갈수록 악화되었습니다.

결국 농장주들은 담배 대신 더 수익성이 높은 작물로 대체하기 시작했죠.

그렇다고 오늘날 담배가 생산되지 않는 것은 아닙니다.

전 세계적으로 매년 궐련, 즉 흡연가들이 태우는

일반 담배는 약 6조 개피에 달합니다.

이만큼의 담배를 생산하려면, 222억t(톤)이 넘는 물과

530만ha(헥타르)의 재배지가 필요합니다.

또한 전 세계에서 일어나는 산림 파괴의 5%는 담배 때문이죠.

흡연으로 인해 매년 목숨을 잃는 약 700만 명의

인명 피해는 또 다른 문제입니다.

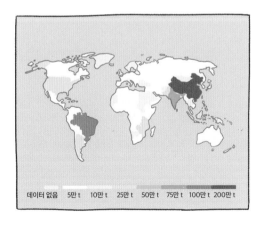

전 세계 담배 생산량(2018년)
현재 세계 각국의 담배 생산지는
전 세계에 걸쳐 퍼져 있음을 알 수 있다.
담배 생산을 위해서는 엄청난 노동력과
수자원을 필요로 한다.

데이터 없음　5만 t　10만 t　25만 t　50만 t　75만 t　100만 t　200만 t

누구나 입지만 너무나 모르는,
면화

목화라고도 하는 면화(cotton)는 섬유 산업에 없어서는 안 될 식물입니다.

면화가 없다면 청바지도 없고, 값싼 패스트 패션*도 불가능할 것입니다.

면화의 원산지는 인도로 알려져 있지만, 남아프리카와

안데스산맥 북부 등에서도 오래전부터 재배했습니다.

면화는 천연 섬유와 실의 재료로서, 일찍부터

여러 민족의 의상 재료로 사용하였습니다.

대표적인 곳이 인도입니다. 이곳에서는 오래전부터 면직물을 이용해

옷을 만들어 입었죠. 그 외에 아메리카 대륙 원주민들도 면직물로 만든

옷을 입었습니다.

---

* 　패스트 패션(fast fashion)은 유행에 따라 소비자의 기호가 바로바로 반영되어 빨리 바뀌는
　　패션을 말한다.

우린 기원전 3000년 전부터 면직물을 만들었어. 인도하면 면직물을 빼놓을 수 없지!

면화를 천으로 만들기 위해서는 오랜 노력과 시간이 필요했습니다.

게다가 면화 재배 역시 쉬운 일이 아니었죠.

면화라는 식물을 모르는 지역도 많았습니다.

이런 어려움으로 인해 오랜 세월 동안 면화는

인류의 옷감으로 널리 퍼지지 못했습니다.

그러나 유럽인들이 인도로 진출하면서 새로운 변화가

일어났습니다.

당시 유럽인들은 모직물, 즉 양털로 만든 옷을 입었는데

처음으로 인도 사람들이 입는 면직물 옷을 접한 것입니다.

내가 중국에 가서 붓대 속에 목화씨를 감춰서 들여왔다는 이야기 들어 봤지? 그때가 1363년이야. 그전에는 한반도 사람들도 면직물로 만든 옷을 입지 못했지. 그만큼 면직물은 귀한 옷감이었어.

문익점
(文益漸, 1329~1398)

목화로 만든 무명 옷감은 값어치가 높아서, 화폐 대용으로 쓰일 정도였어.

면직물은 가볍고 땀 흡수도 잘 되는 데다, 염색하기도 무척 쉬워.

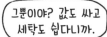

그뿐이야? 값도 싸고 세탁도 쉽다니까.

이 옷감을 유럽으로 가져가 팔자! 이름은 '캘리코'라고 부를 거야. 인도의 캘리컷 항구를 통해 수입했으니까 말이야.

초창기에는 후추 같은 향신료 수입에 힘을 기울인

영국 동인도회사는, 이내 면직물이 훨씬 수익성이 높다는

사실을 깨닫고, 인도산 면직물을 영국으로 대량 수입하였습니다.

그 결과 값싸고 다양한 색상으로 염색이 가능한 면직물이

영국 내 모직물을 대체하기 시작했죠.

그러자 양을 키우는 이들의 수익이 급감했고

이들을 살리기 위해 영국 의회에서는

면직물 수입과 판매를 제한하는 여러 수단을 강구했지만

영국인들은 면직물을 포기할 수 없었습니다.

인도산 최고급 면직물 가격은 날이 갈수록 치솟았습니다.

기후와 지형이 맞지 않는 유럽에서는 면화 생산이 어려워

높은 가격에 들여올 수밖에 없었죠.

결국 영국을 비롯해 유럽인들은, 그 무렵 새로이 개척한 식민지인

카리브해 지역에서 면화 재배를 시작했습니다.

새로우면서도 편리한 면직물의 수요는 하루가 다르게

증가했고, 면화 생산지는 카리브해 지역을 넘어

아메리카 전 지역으로 확대되었습니다.

아메리카 지역에서 면화 플랜테이션 농장이 성행하기 시작한 것입니다.

더욱 놀라운 사건은 그 후에 일어났습니다.

그렇게 영국 내에서 직접 면직물을 생산하기 시작한
것입니다. 처음에는 오랜 전통을 가진
인도산 면직물에 비해 품질이 뒤떨어졌지만
전통을 고집한 인도와 달리 영국인들은
끊임없이 면직물 생산 기술을 개선해 나갔고
결국 산업혁명으로까지 이어졌습니다.

산업혁명의 출발은 증기 기관의 발명이라고 할 수 있습니다.
그러나 진정한 산업혁명은 제니 방적기를 만든
제임스 하그리브스(James Hargreaves, 1720-1778)와
수력 방적기를 발명한 리처드 아크라이트(Sir Richard Arkwright,
1732-1792)에 의해 시작한 것으로 보아도 무방합니다. 즉, 산업혁명은
면직물 산업에서 발생한 셈이라 할 수 있습니다.

제니 방적기
한 번에 8개의 실을 뽑아 낼 수 있는 기계로
생산성 증대는 물론 대량 생산을 가능하게 했다.

내가 만든 제니 방적기는 면직물 생산성을 엄청나게 증가시켰어. 이에 실직 위협을 느낀 노동자들의 습격을 받을 정도였다니까. 그만큼 놀라운 발명이었지!

제임스 하그리브스

이 무렵 영국의 면직물 산업 발전이 얼마나 빨랐는지
인도마저 영국 면직물을 수입해 갈 정도였습니다.
영국의 면직물 산업이 확대될수록 면화 수요는 증가했고
이로써 미국 남부 지역은 면화
최대 생산지로 성장합니다.
브라질 역시 드넓은 면화
생산지로 떠올랐죠.

면화 재배는 일일이 손으로
목화솜을 따야 하는 노동
집약적 농업입니다. 따라서 면화
플랜테이션 농장이 설 때마다
새로운 노동력도 공급되어야
했는데, 이는 아프리카 노예가
더 많이 필요하다는 말과
같았습니다.

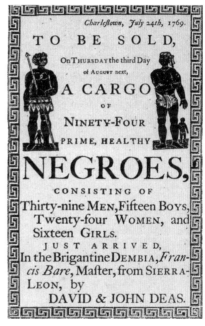

노예 판매 광고
18세기 중반, 미국 남부의 주요 신문에는 노예를
파는 광고가 빈번히 등장했으며, 이는 인간을
가축처럼 사고파는 일이 성행했다는 것을 보여
준다.

링컨(Abraham Lincoln, 1809-1865)이 이끄는 북부군과

남부군이 노예제를 놓고 벌인 남북전쟁의 원인 역시

면화 플랜테이션에 있다고 해도 과언이 아닙니다.

그 무렵, 미국 남부 주들은 대부분

면화 플랜테이션으로 부를 누리고 있었죠.

남북전쟁 직전, 미국 수출의 60%를 차지하는 것이 바로

면화였습니다. 이 무렵 미국은 전 세계 면화의

4분의 3 정도를 공급하고 있었으니까요.

즉, 면화가 신생 국가인 미국을 먹여 살린다 해도

과언이 아니었던 셈입니다. 그리고 그 역할은

노예제를 강력히 지지하던 남부 주들이 맡고 있었습니다.

한편 상공업에 기반을 둔 북부 주들은 많은 임금 노동자가

필요했으나, 남부 주들이 수많은 노예를 잡아 두고 있던 탓에

노동자를 구하기가 힘들었습니다.

그런 상황에서, 세계 여러 나라가 노예제에 부정적인 시선을
드러내기 시작했습니다. 이에 북부 주들 역시
노예제에 반대했고, 1860년 11월 대통령 선거에서
노예제 반대를 주장한 링컨이 당선되었죠. 그러자
노예제를 찬성하는 남부 주들이 연방에서 탈퇴하면서
두 세력 사이에 긴장이 고조되기 시작했습니다.

남부 주들은 자신의 힘을 과신하고 있었습니다.

전 세계 면화의 70% 이상을 공급하고 있던

미국 남부 주의 지도자들은 'King Cotton!'이라는 표어를

내세우며, 노예제 유지를 주장하고 있었죠. 만일

북부 주들이 노예제 폐지를 끝까지 주장하면

연방에서 탈퇴해 전쟁도 불사하겠다고 다짐했습니다.

제임스 헨리 해먼(James Henry Hammond, 1807-1864)
1842년부터 1844년까지 미국 남부 사우스캐롤라이나
주지사이자, 목화 농장주였다.

이들은 북부 출신 링컨이 대통령으로 당선되자

면화 출하를 중단합니다. 이는 남부 주의 오판이었습니다.

북부군이 오히려 남부의 항구들을 봉쇄한 뒤, 면화 수출을

막기 시작한 것입니다.

그러자 영국을 비롯한 유럽 각국은

노예제 유지를 내세우며 면화를 무기화한 남부 지역에

등을 돌렸습니다.

그리고 미국이 아닌 인도, 이집트, 브라질 등에서 면화를

수입하기 시작했죠.

결국 남북전쟁에서 남부는 패했고, 노예제는 폐지됐습니다.

그렇다고 면화 플랜테이션이 사라진 것은 아니었습니다.

그 후로도 남부 지방의 면화 플랜테이션 농장은

성황을 이루었고, 21세기인 오늘날에도

미국 남부 주들은 세계적인 면화 생산지로 꼽힙니다.

미국 면화 재배 면적(2017년)

(단위:ha(헥타르))

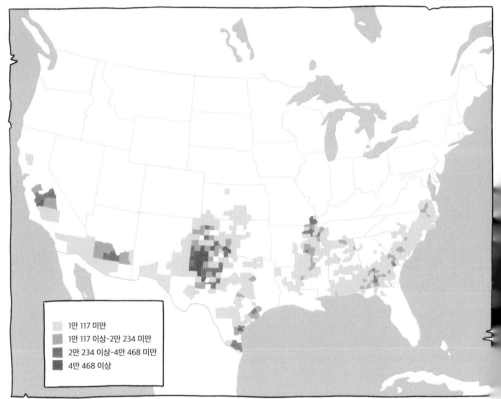

1만 117 미만
1만 117 이상-2만 234 미만
2만 234 이상-4만 468 미만
4만 468 이상

세계 면화 생산국 및 수출국(2021-2022년)

생산국

1위		중국	5,879
2위		인도	5,334
3위		미국	3,815
4위		브라질	2,678
5위		파키스탄	1,306
6위		호주	1,197
7위		튀르키예	827
8위		우즈베키스탄	577

수출국

(단위:1,000t(톤))

1위		미국	3,211
2위		브라질	1,720
3위		인도	871
4위		호주	871
5위		그리스	305
6위		베냉 공화국	305
7위		코트디부아르	299
8위		말리	239

오늘날 세계 최대 면화 생산국은 중국, 인도, 미국 순입니다.

하지만 수출량으로 보면 미국이 1위죠.

면화 생산국 가운데 파키스탄, 우즈베키스탄 같은

중앙아시아 국가들이 눈에 띕니다. 이곳은 면화 원산지인

인도에서도 가까운 곳입니다.

이들은 면화를 키우기 적합한 지형과 환경, 그리고

드넓은 땅과 값싼 노동력이 존재하기에 면화 플랜테이션의

새로운 지역으로 떠오를 수 있었습니다.

오늘날에도 면화 플랜테이션은 재배와 수확, 가공에

가난한 나라들의 인력을 동원하고 있습니다.

당연히 면화 경작으로 발생하는 수익 대부분은 부자 나라,

농장 소유자들에게 돌아가며

노동력을 제공한 노동자들에게 돌아가는 대가는 매우 적죠.

불합리한 건 이뿐만이 아닙니다.

미국에서는 면화 농장에게 정부 보조금을 지급하였습니다. 그러나 이는
부당한 제도로, 결국 WTO(세계무역기구)로부터 제재를 받았죠.
그러나 이후에도 미국 정부는 미국 농민들의 소득 보호를 위한 프로그램
등을 통해 지원을 계속하고 있습니다. 이는 다른 나라 면화에 비해 미국산
면화를 값싸게 공급할 수 있는 제도인 셈입니다.

이러한 상황을 극복하고자 세계적인 공정무역 활동 단체들은 면화를 이용한 섬유 산업에서도 활동을 벌이고 있습니다.
이뿐 아니라 '굶주림 없는 농업'으로 일구고자 친환경 농업을 실천하며 안전하고 수익성 있는 농사를 지속할 수 있도록 돕고 있습니다.

공정무역 마크
공정무역을 통한 면화에 붙이는 마크다.

비극의 결정체,
설탕

모두 알다시피 설탕의 원료는 사탕수수입니다.

사탕수수는 플랜테이션 농업의 본격적 전개, 인종차별 전통, 노예 무역

나아가 오늘날까지 중남미 사회를 고통에 빠뜨리고 있는 빈부격차 등

유럽의 아메리카 대륙 침략이 가져온

모든 고통을 품고 있는 작물입니다.

사탕수수의 원산지는 인도로 추정하고 있습니다. 그리고 사탕수수를

이용해 설탕을 만든 것은 적어도 지금부터 4,000년 전으로 알려져 있죠.

그 후 인도를 거쳐 중국, 동남아시아, 중동으로 퍼졌고, 지중해 연안

나아가 아프리카 일부에서도 설탕의 존재를 알았습니다.

그런데도 설탕이 전 세계로 퍼져 나간 것은 500년도 채

되지 않았습니다.

오늘날 인류의 삶에서 설탕이 차지하는 비중을 생각하면
도무지 이해가 되지 않는 사실이죠.

왜 설탕은 전 세계로 빠르게 퍼져 나가지 못했을까요?

정확한 내용은 알 수 없지만, 설탕의 원재료인 사탕수수
재배를 위해서는, 연평균 20℃ 이상의 기온과
1,200-2,000mm의 연 강우량이 필요하다는 점이
원인이 되지 않았을까 추정합니다. 이러한 조건을
충족하는 지역은 세계적으로 흔치 않기 때문입니다.

사탕수수 재배 지역

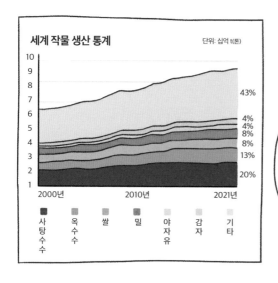

세계 작물 생산 통계

단위: 십억 t(톤)

10
9
8
7
6
5
4
3
2
1

2000년　　　　　2010년　　　　　2021년

43%
4%
4%
8%
8%
13%
20%

사탕수수　옥수수　쌀　밀　야자유　감자　기타

이 그래프를 보면 알 수 있듯이 전 세계에서 재배하는 곡물 1위는 사탕수수입니다. 그런데 사탕수수를 생산할 수 있는 나라는 매우 제한적이죠.

따라서 사탕수수야말로 플랜테이션 농업에 어울리는 작물이라고 할 수 있습니다. 생산할 수 있는 나라에서는 다른 모든 작물 대신 사탕수수만 재배하니까요.

콜럼버스가 아메리카 대륙에 상륙하기 전
설탕은 매우 귀한 식품이었습니다.

설탕이 왜 그리 귀하냐고? 설탕 만드는 과정이 워낙 힘들거든. 사탕수수를 재배하는 동안, 거름도 주고 잡초도 뽑아야 해.

게다가 다 자란 사탕수수의 키가 6m에 달해 수확이 쉽지 않지.

하루 8시간? 택도 없지. 해가 뜨고 질 때까지 쉴 수 없어. 게다가 사탕수수는 신선할 때 바로 가공해야 한다고!

사탕수수가 다 자라면 사람이 직접 자르고 묶고 나르고 싣고 옮겨야 하지.

방앗간으로 옮겨 온 사탕수수 줄기는, 밤을 새워 으깨고 즙을 짜내야 해.

사람 힘으로는 역부족이라 소나 물레방아의 힘을 빌리지만 착즙기 안에 사탕수수를 넣는 건 사람이 해야 하지. 그러니 사람도 소도 한시도 쉴 수 없어.

설탕

이렇게 힘든 과정을 거쳐 생산한 설탕은 비싼 값으로 팔려 나갔습니다.

그래서 중세 유럽에서는 웬만한 귀족이 아니면

설탕을 구경하기란 어려웠죠.

그런 상황에서 카리브해에 산재한 수많은 섬, 나아가

아메리카 대륙을 발견합니다. 이곳은 사탕수수 재배에

적합한 열대 습윤(濕潤) 지역일 뿐 아니라, 땅 역시

주인이 없었습니다(아니, 있기는 했지만, 유럽인들 마음대로 가로챌 수 있었죠).

그뿐이 아닙니다.

24시간 내내, 동물처럼 일해 줄 노동력도 있었습니다.

유럽인들은 아메리카 땅에서 새로운 사탕수수 재배지를 찾았고
그때부터 설탕을 제조해 수출하여 엄청난 수익을 거둘 수 있었습니다.
설탕 제조는 값싼 노동력, 신선도, 경제성을 위해 일괄 공정으로
이루어졌습니다. 즉, 드넓은 플랜테이션 농장에서 사탕수수를 재배하고
수확한 후, 즉시 가공하여 설탕을 만드는 방식을 채택한 것입니다.

1667년 아이티의 사탕수수 작업 농장을 그린 그림으로, 설탕을 만드는 과정이 일
괄적으로 이루어지고 있음을 알 수 있다. 더불어 관리자가 원주민들을 감시하고
있는 모습도 볼 수 있다.(ⓒSébastien Leclerc)

잠시도 쉴 틈이 없었어.
죽어 나가는 원주민들도
많았지. 이곳은 우리에게
지옥이었다고!

이처럼 무리한 업무 처리 방식은 초창기의

사탕수수 플랜테이션 농장과 설탕 가공 공장에서 일하던

원주민들을 희생시키고 말았습니다.

결국 유럽인들은 부족한 노동력을 채우기 위해

아프리카 노예를 수입하여 설탕 산업을 확대해 나갔죠.

이들의 설탕 산업이 어떻게 이루어졌는지 알 수 있는

대표적인 지역이 있습니다.

발레 데 로스 인제니오스(Valley de los Ingenios, 영문 Valley of

the Sugar Mills)는 쿠바 트리니다드 인근에 위치해 있습니다.

세 개의 계곡으로 이루어진 이곳은 전체 면적이 270㎢에 달합니다.

서울특별시의 서초구, 강서구, 강남구, 노원구, 송파구, 은평구, 관악구,

강동구 등 가장 넓은 8개 구를 합친 면적에 버금가는 드넓은 땅이죠.

이곳은 18세기 후반부터 1세기 동안 설탕 생산의 중심지였습니다.

그 무렵 이곳에는 50여 곳 이상의 사탕수수 가공 방앗간이 있었고

일하는 노예 숫자는 3만 명이 넘었습니다.

이 지역에서 사탕수수 플랜테이션이 초래한 부작용은

이 정도에 머물지 않았습니다.

또 다른 부작용은 사탕수수에서 설탕을 추출한 후

남은 당밀을 어떻게 처리할 것인가였죠.

엄청난 양의 당밀이 발생하자, 이를 이용하고자 하는
움직임이 일어났고, 그 결과 유럽에서 건너온
주류 제조업자들이 당밀로 럼주를 만들기 시작했습니다.
럼주는 사탕수수, 그것도 설탕을 만들고 남은
잔여물로 만들기 때문에 값싼 술이라는 인식이 강합니다.
하지만 그 가운데도 고급 제품은 있죠.

당밀을 이용해 럼주를 생산할 수 있게 되자, 영국은
북아메리카 식민지로 당밀을 가지고 가 럼주를 생산한 후
이를 아프리카로 수출하는 새로운 삼각무역을 시작했습니다.
이뿐아니라 럼주는 유럽으로도 수출했습니다. 수출량이 꾸준히 증가하자
유럽의 술 제조업자들은 럼주 수입에 저항하기 시작했습니다.
위스키나 브랜디 같은 술이 안 팔렸기 때문입니다.
결국 유럽 내에서도 럼주를 사이에 두고 상인들 간의 갈등은
지속되었지만, 싸고 맛있는 럼주의 인기는 날로 치솟았죠.

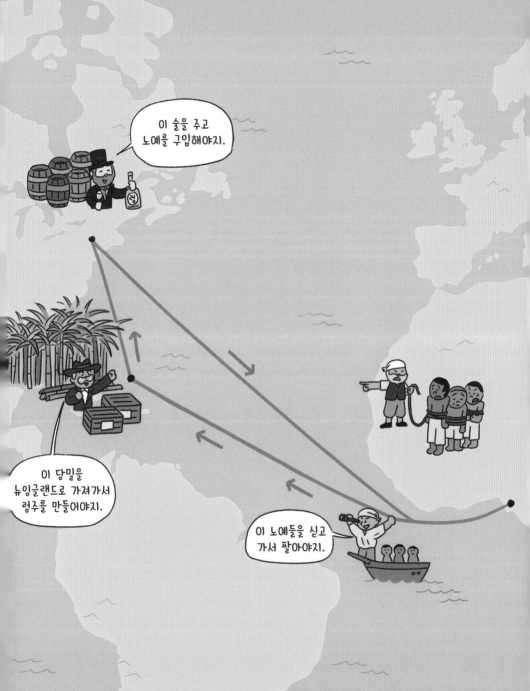

또 다른 부작용은 아메리카 원주민 인구 감소와

아프리카계 인구의 급속한 증가였습니다.

유럽의 아메리카 진출 후 사라진 원주민 숫자는

학자마다 다르게 추정하고 있습니다.

그리고 그 자리는 대부분 아프리카계가 대체했으며

그 외에 유럽인들은 지배 계층이 되었죠.

또 노예제가 폐지된 후에는

사탕수수 플랜테이션 농장이 필요로 하는 노동자를 인도와 중국, 나아가

한반도까지, 전 세계적으로 모집했습니다.

이들은 엄연히 노동 계약을 맺고 건너온 이들이었습니다.

그러나 약속과 달리, 그들을 기다리는 건 사탕수수 수확을

비롯한 살인적인 노동이었고, 음식부터 노동 시간, 급여 등

약속한 것은 하나도 지켜지지 않았습니다.

계약 노동자라 했지만 노예와 같은 삶을 살았다 해도

과언이 아니었습니다.

그 결과 오늘날 카리브해를 비롯한 주변 지역에는 인도인, 중국인, 나아가 한반도, 일본 등에서 건너온 다양한 동양인이 거주하고 있기도 합니다.

한편 사탕수수 플랜테이션이 일반화, 고착화하면서 카리브해를 비롯한 중남미 여러 나라에서는 광범위한 환경 파괴가 일어나기 시작했습니다.

앞서 살펴본 것처럼 유럽에서 설탕은 구경하기도 힘든 귀한 물품이었습니다.

그러나 아메리카 대륙에서 설탕을 수입하기 시작하면서 하루가 다르게 설탕 수요가 증가했죠.

설탕을 찾는 이들이 늘수록 고통을 겪는 것은 아메리카의 사탕수수 플랜테이션 농장 노동자들입니다.

하지만 노동자들을 아무리 쥐어짜도 설탕 생산량을 늘리는 건 한계가 있었죠.

이에 유럽인들은 모든 농산물 생산을 없애거나 줄이고
그 자리에 사탕수수를 심기로 했습니다.
그 결과 옥수수가 주식인 원주민들, 쌀이나 밀 등을 먹던
노동자들은 배고픔에 시달려야 했습니다.

설탕은 세상에서
가장 달콤할진 모르지만
우리의 배고픔을
해결해 주진 못해요.

그래도 땅이 부족하자, 이 지역의 열대우림 지역을
파괴하기 시작했습니다. 숲도 마구 베어 냈죠.
그렇게 해서 생긴 토지에 사탕수수를 심었습니다.
사탕수수 재배를 위해서는 많은 양의 물이 필요합니다. 그래서
주변 습지와 물줄기도 고갈되기 시작했습니다. 숲을 베고 우림을 파괴한
곳에 토양 침식이 일어났고, 수질이 오염되자 비옥했던 땅은 척박해지기
시작했습니다. 환경이 파괴되기 시작한 것입니다.

그러나 무엇보다 큰 부작용은 카리브해 수많은 섬을

유럽 제국주의자들이 식민화한 것입니다.

설탕 플랜테이션 농장이 큰 수익을 가져다주던 시절에는

더 많은 땅을 점령하고, 사탕수수를 가공하여 설탕을 만들고

럼주 제조에 필요한 더 많은 목재를 조달하기 위해 가능한 모든 섬을

식민화하였죠.

카리브 제도 식민지 현황

그 후 많은 나라가 독립을 이루었지만, 아직 그 후유증은
고스란히 남아 있습니다.

카리브해에 있는 수많은 섬들이 지금도 프랑스령, 영국령,

미국령, 네덜란드령 식민지로 남아 있는 것이 그 증거입니다.

오늘날 세계는 '설탕 제국'이라고 할 만큼 많은 설탕을 소비하고 있습니다.

현재 전 세계가 생산하는 설탕은 1년에 약 2억t(톤)에 이릅니다.

이는 80억 인구 모두가 1년에 25kg을 소비하는 양이죠.

그 가운데 신생아나 노인, 기아에 허덕이는 인구를 제외하면

1인당 50kg 가까운 양을 소비하는 셈입니다.

당연히 과도한 설탕 소비로 인해 인류는 건강상

많은 고통을 겪고 있습니다.

하지만 설탕 플랜테이션 농업은 지금도 세계를 지배하고 있습니다.

세계화가 부른 비극,
커피

플랜테이션 농업을 통해 재배하는 작물 대부분은 혹독한 노동,
불공정한 거래 관행, 불법적 점유 등을 통해 생산하고 있습니다.
이러한 문제점을 인식한 사람들이 찾은 해결 방안이 바로
'공정무역'이라는 방식입니다.
사전에서는 '공정무역 제품'을 이렇게 정의합니다.

경쟁에서 뒤처진 생산자들과
노동자들의 권익을 보장하고
제품의 생산·운송·판매 단계에서
환경과 사회적 측면을 고려한 제품.
세계 공정무역 협회의 인증을 받았거나
그 이상의 기준을 만족하는 제품이다.

공정무역 인증 마크들

공정무역 제품에는 여러 가지가 있는데, 대표적인 상품이 커피입니다.

그 외에도 코코아, 면직물, 해산물, 화훼(꽃), 다이아몬드,

금 등이 있습니다.

오늘날 공정무역 마크를 단 커피는 우리나라를 비롯해

세계 곳곳에서 찾아볼 수 있죠.

이는 두 가지 이유 때문입니다.

하나는, 많은 커피 재배 농민들이 불이익과 고통에

시달린다는 점입니다.

또 다른 하나는, 커피만큼 세계적으로 빈번하게, 그리고

대량으로 유통되는 상품이 없다는 뜻이기도 합니다.

커피를 재배할 수 있는 나라는 한정되어 있는 데 비해

커피를 마시지 않는 나라는 없습니다. 커피 부문에서 특히

공정무역이 활발한 이유가 여기에 있는 것입니다.

즉, 가난한 나라의 커피 재배 농민들이, 커피를 즐기는

부유한 나라 사람들을 위해 경제적, 육체적으로 봉사하고

있다고 볼 수 있습니다.

커피 재배 지역

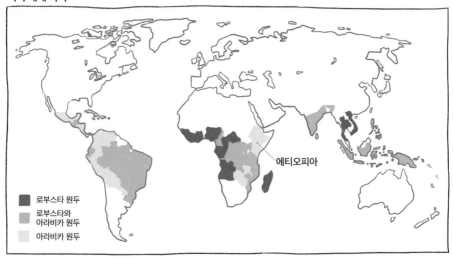

에티오피아

로부스타 원두
로부스타와
아라비카 원두
아라비카 원두

세계 커피 1인당 연간 소비량(2022년)

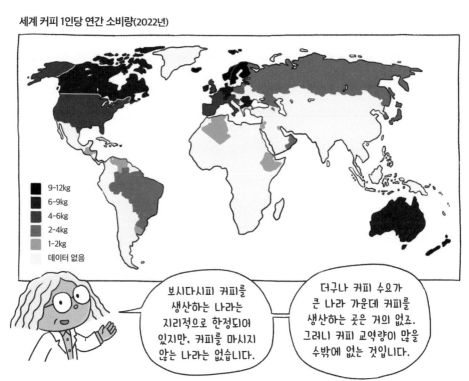

9-12kg
6-9kg
4-6kg
2-4kg
1-2kg
데이터 없음

보시다시피 커피를
생산하는 나라는
지리적으로 한정되어
있지만, 커피를 마시지
않는 나라는 없습니다.

더구나 커피 수요가
큰 나라 가운데 커피를
생산하는 곳은 거의 없죠.
그러니 커피 교역량이 많을
수밖에 없는 것입니다.

커피는 에티오피아가 원산지로 알려져 있습니다.

그래서 처음엔 아프리카 북부에서 시작해 아랍 세계로 퍼졌고

그 후 유럽인들이 커피를 접하면서 인기를 끌기 시작했습니다.

그런데 인기가 올라갈수록 심각한 문제가 발생했습니다.

커피 수요는 기하급수로 늘어나는데

커피 공급량은 늘지 않았던 것입니다.

왜 그랬을까요?

첫 번째로, 커피 역시 다른 플랜테이션 작물처럼 재배지가

한정되어 있습니다.

지도를 통해 살펴봤듯, 커피는 북회귀선과 남회귀선 사이

아열대 지방에서 재배하는데, 특히 품종에 따라

해발 700m 이하나 800m 이상에서 재배하죠.

또 온도 역시 14도에서 25도 사이가 적당하고, 5도 이하나

30도 이상이 되면 어렵습니다. 따라서 아열대 지방이면서도

고도가 있어 적정 기온을 유지하며, 햇볕이 너무 강하면 안 됩니다.

게다가 배수도 잘 되어야 하는데, 커피나무를 재배하는 데는

상당한 물이 필요하기 때문입니다.

두 번째로, 유럽의 커피 수요로 큰 수익을 올리고 있던 그 무렵,
커피 재배 국가들은 커피 종자 유출을 강력히 금지하였습니다.
묘목 및 커피나무 재배법 역시 유출을 엄격히 금지했죠.
하지만 18세기 초, 네덜란드 상인이 커피 묘목 반출에 성공하면서
유럽도 커피를 재배할 수 있는 기회를 갖게 되었습니다. 네덜란드는
물론 영국, 프랑스, 스페인, 포르투갈 등은 커피 재배에 적당한 자신들의
식민지에 커피 플랜테이션 농장을 설치해 재배하기 시작했습니다.
앞서 살펴본 것처럼, 오늘날 세계 최대 커피 생산지들도 대다수가 과거
유럽의 식민지였던 것은 이 때문이기도 합니다.

네덜란드 상인, 피터 반 데어 브뢰케(Pieter van dan Broeck)

18세기 후반에 접어들면서 카리브해를 비롯한
중남미 국가, 브라질, 베트남, 미얀마, 태국, 서아프리카
같은 지역에서도 커피 재배가 활성화되기 시작했습니다.
그러나 커피 역시 묘목 심기부터 재배, 열매 수확,
가공에 이르는 전 과정 대부분을
노동자에게 의지해야 하는 산업입니다.

커피 가공 과정

노동자들이
직접 커피 열매를
수확한다.

잘 익은 것, 덜 익은 것, 손상된 것 등 선별 과정을
거친다. 이 과정 역시 노동자들의 손이 필요하다.

커피 열매 과육을 제거한다.
이는 기계를 사용하기도 한다.

과육 제거 후 남아 있는 점액질을
제거하기 위해 세척한다.

과육과 점액질이
제거된 생두를 노동자들이
직접 갈퀴나 손으로 섞으며
골고루 건조 시킨다.

잘 건조된 생두는
자루에 담고,
집하장으로 옮긴다.

가공한 커피를 전 세계 커피 업계에 공급하는 일은 몇몇 대기업이 담당합니다. 결국 커피 재배로부터 얻는 수익 대부분은 대기업에게 돌아가는 셈입니다.

반면에 전 세계에 흩어져 플랜테이션 농장에서 일하는 커피 노동자들은 노동에 따른 대가를 제대로 받지 못하는 게 현실입니다.

이는 커피의 공정무역 활동이 일어난 이유이기도 합니다.

하지만 우리가 마시는 커피 가운데, 공정무역을 통해 거래되는 커피의 양은, 전체의 1%도 채 되지 않습니다.

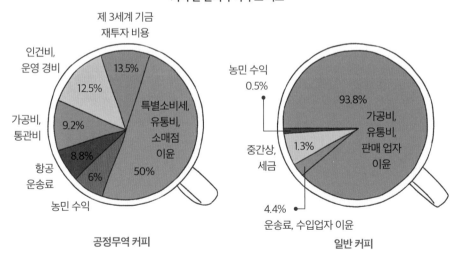

커피 한 잔의 수익 구조 비교

제 3세계 기금
재투자 비용

인건비,
운영 경비

가공비,
통관비

항공
운송료

농민 수익

13.5%

12.5%

9.2%

8.8%

6%

특별소비세,
유통비,
소매점
이윤

50%

공정무역 커피

농민 수익
0.5%

93.8%
가공비,
유통비,
판매 업자
이윤

중간상,
세금

1.3%

4.4%
운송료, 수입업자 이윤

일반 커피

커피 플랜테이션 농업은 다른 작물에 비해
늦게 출발하였습니다.
카리브해 지역만 해도 처음에는 담배로 출발해
면화, 사탕수수를 거쳐 커피에 이르렀으니까요.
처음 담배 재배에 나선 플랜테이션 농장들이 큰 이익을
거두는 것을 보자, 너도나도 담배 재배에 나섰고, 그 결과
담배 가격은 폭락했습니다. 그러자 플랜테이션 농장들은
면화 재배로 돌아섰고, 똑같은 과정을 거쳐 면화는
큰 이익을 가져다주다가 똑같이 값이 폭락했죠.
그다음은 사탕수수, 또 그다음은 커피였습니다.

오늘날 전 세계는 매년 약 1천만t(톤)의 커피를 생산합니다.
나라로는 브라질이 1위, 베트남이 2위, 인도네시아가 3위,
콜롬비아가 4위, 에티오피아가 5위를 차지하며, 그 외에
온두라스, 페루, 인도 등 중남미와 동남아시아 나라들이
최대 생산국이죠.

반면에 1인당 커피 음용량이 많은 나라는

핀란드, 노르웨이, 아이슬란드, 덴마크, 네덜란드 등

유럽 국가들이 대부분입니다. 대한민국도 빼놓을 수 없습니다.

시민들 가운데 하루라도 커피를 안 마시고 사는 사람은 드물 정도죠.

지금 우리는 제값을 치르고 커피를 마시고 있는 걸까요?

커피 재배지에서 열매를 말리는 양은 상상을 초월할 만큼 많다. 그럴 수밖에 없는 것이 커피를
재배하는 지역은 좁은 반면, 전 세계인 가운데 커피를 즐기지 않는 사람은 거의 없기 때문이다. 만일
커피 열매를 따고 말리고 가공하는 노동자들이 대한민국 노동자들과 같은 임금을 받는다면, 우리가
마시는 커피 가격은 지금보다 열 배는 오를 것이다.

단품종, 캐번디시가 지배하는 세상, 바나나

제주도에 가면 바나나 농장을 견학할 수 있습니다.

제주도 외에 대한민국 남부 지방에서도

바나나를 재배하는 농가를 어렵지 않게 볼 수 있죠.

최근에는 수도권에서도 바나나를 재배하는 농가가 하나둘

생겨나고 있다고 합니다.

그런데 왜 대한민국산 바나나를 먹는 사람은 찾기 힘든 걸까요?

아니, 그보다 대한민국에서 생산한 바나나는 어디에서

구할 수 있는 걸까요?

우리 땅에서 나는 바나나를 먹고 싶어요!

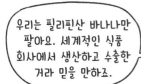

대한민국에서도 바나나를 생산하지만

대한민국 국민도 이 바나나를 쉽게 구할 수 없습니다. 왜 그럴까요?

필리핀산 바나나와 대한민국산 바나나 대부분 같은 품종입니다.

그런데 가격은 필리핀산 바나나가 비교할 수 없을 만큼 쌉니다.

가격이 약 3분의 1 정도밖에 안 되니까요.

또, 필리핀산 바나나는 생산량이 엄청나지만

대한민국산 바나나는 생산량이 적습니다.

이런 까닭에 대한민국 국민조차 대한민국에서 재배한

바나나를 먹는 건 쉽지 않습니다.

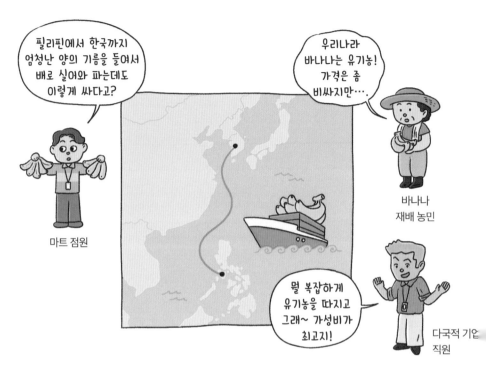

그러나 이런 값싼 바나나에는 우리가 모르는 위험이 도사리고 있습니다.

실제로 바나나 품종이 사라진 일이 있었습니다.

1870년대, 한 상인이 처음으로 자메이카에서 바나나를 미국으로 가져가 판매했습니다. 그러자 미국인들은 처음 접한 바나나에 열광했죠.

당연히 그때부터 바나나 수입은 급증했고, 미국인들은 과테말라 국토의 80%, 온두라스 국토의 50% 등 중남미 국가를 장악해 플랜테이션 농장을 건설했습니다. 그리고 '그로 미셸'이라는 우수하고 맛도 좋은 품종 하나만 재배하기 시작했습니다.

하지만, 얼마 가지 않아 그로 미셸 품종에
'파나마병'이라고 부르는 치명적인 전염병이 번졌습니다.
그렇게 그로 미셸 품종은 점점 사라졌고, 급기야
1960년대에 들어서면서 생산이 중단되고 말았죠.

불행 중 다행으로 그로 미셸보다 맛은 없지만 새로운
'캐번디시'라는 품종을 발견했습니다. 오늘날 우리가 먹는
바나나 대부분은 캐번디시종입니다.
그러나 캐번디시 바나나 역시 언제 전염병의 공격을 받을지
모릅니다. 실제로 대만에서는 캐번디시종의 70%가
사라지는 비극을 맞기도 했습니다.

그래서 전문가들은 새로운 질병에 적응할 수 있도록
종의 다양성이 무엇보다 중요하다고 말합니다. 하지만
플랜테이션 농장주들은 오직 경제성만을 추구하고 있습니다.

이는 세계 여러 곳에서 그 지역 고유의 품종을
재배하는 시절에는 상상도 할 수 없던 일이기도 합니다.
오늘날엔 세계 곳곳의 고유 품종은 사라지고
경제성이 높은 한 품종만 재배하는 게 당연시되어 버렸죠.

모든 플랜테이션 작물이 그렇듯 마찬가지입니다.

우리가 늘 이용하는 커피, 면직물, 담배, 바나나, 카카오,

아보카도, 파인애플 등 수많은 플랜테이션 작물이

바다 건너 먼 곳에서 재배되지만 배송에 어려움이 없어, 가까운 곳에서

생산된 것에 비해 싸고, 품질도 좋습니다.

플랜테이션 농장이 지구 환경을 파괴하고

노동자들을 착취하며, 가난한 나라의 땅을 불법적으로

활용하는 등의 문제점을 안고 있지만, 계속 성장하는 데는

그만한 까닭이 있는 것이죠.

그 가운데서도 바나나는 특히 많은 문제를 안고 있는

작물입니다. 바나나야말로 플랜테이션 농업이 안고 있는

모든 문제를 대표하는 작물이죠.

그러다 보니 이런 표현의 주인공이 되기도 했습니다.

'바나나 공화국'.

바나나 공화국은 바나나 같은 1차 상품을 수출해서 먹고사는데 수출을 담당하는 기업과 자본이, 나라보다도 막강한 힘을 가지고 있죠. 그래서 해외 자본이나 다국적 기업이 그 나라의 주인 노릇을 합니다. 그러니 독립국이라는 명칭은 유명무실할 수밖에….

진짜 그런 일이 있다고요?

조종

믿기지 않는가 보군요. 온두라스, 과테말라, 니카라과, 엘살바도르, 에콰도르 같은 나라가 미국과 미국 식품 기업의 영향력 아래 있던 '바나나 공화국'들이었죠.

미국 식품 기업들은 바나나를 비롯한 1차 상품을 미국으로 수출하면서 막대한 수익을 거두었을 뿐 아니라 이 나라들의 항구, 철도, 자원, 관광 시설 등을 모두 장악했답니다. 심지어 정치적으로도 막강한 영향력을 행사했죠.

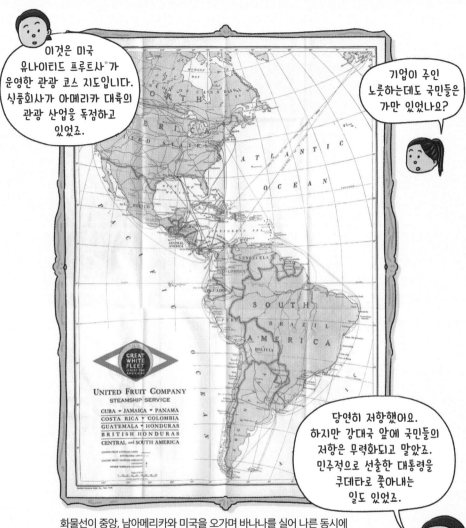

이것은 미국 유나이티드 프루트사*가 운영한 관광 코스 지도입니다. 식품회사가 아메리카 대륙의 관광 산업을 독점하고 있었죠.

기업이 주인 노릇하는데도 국민들은 가만 있었나요?

당연히 저항했어요. 하지만 강대국 앞에 국민들의 저항은 무력화되고 말았죠. 민주적으로 선출한 대통령을 쿠데타로 쫓아내는 일도 있었죠.

화물선이 중앙, 남아메리카와 미국을 오가며 바나나를 실어 나른 동시에 관광객을 유치해 관광 산업을 독점했다.

* 유나이티드 프루트(United Fruit Company)는 중남미 지역의 열대과일을 미국과 유럽에서 판매하는 회사로, 주로 바나나를 판매해 바나나 기업이라 불렸으며 1990년 치키타(Chiquita)로 상호를 변경했다.

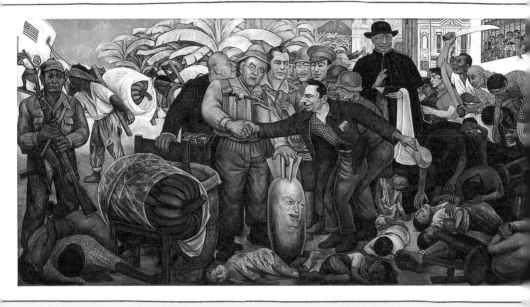

〈영광의 승리〉
디에고 리베라(Diego Rivera, 1886~1957) 작.

이 그림은 1954년
과테말라 군부 쿠데타 성공을
풍자한 것입니다. 당시 아르벤즈
대통령을 물러나게 한 이 사건은
바나나 공화국의 대표적인
사례로 볼 수 있습니다.

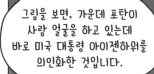
그림을 보면, 가운데 포탄이 사람 얼굴을 하고 있는데 바로 미국 대통령 아이젠하워를 의인화한 것입니다.

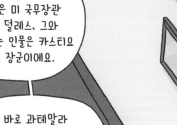
그리고 손을 잡고 있는 왼쪽 인물은 미 국무장관 존 포스터 덜레스, 그와 악수하고 있는 인물은 카스티요 아르마스 장군이에요.

바로 과테말라 대통령 아르벤스를 쿠데타로 축출한 인물이죠. 물론 그 혼자 힘으로 한 일은 아니지만.

대통령 아르벤스는 유나이티드 프루트사가 점유하고 있던 광대한 토지에 대한 개혁을 시도했고, 노동자를 위해 새로운 노동법을 제정했습니다.

아! 오른쪽에 나오는 신부님이 누구냐고요? 쿠데타에 저항하다 학살당한 노동자들을 위해 기도하는 마리아노 대주교입니다.

국민은 환호했지만 미국 정부와 유나이티드 프루트사는 못마땅했으며 급기야 쿠데타를 일으켰죠.

개혁을 성공하지 못해 원통합니다. 지금은 어떻게 됐냐고요?

수십 년간의 독재와 끊임없는 내전으로 지금은 지구상에서 빈부격차가 가장 심한 나라 가운데 하나가 됐어요.

야코보 아르벤즈 전 과테말라 대통령
(Juan Jacobo Árbenz Guzmán,
1913-1971, 재임 1951-1954)

힘이 센 기업이 한 나라를 거침없이 흔드는 일은

오늘날에도 근절되지 않았습니다.

그만큼 플랜테이션 농업을 기반으로 한 세상에서는

'바나나 공화국' 같은 일이 언제든 벌어질 수 있습니다.

바나나 플랜테이션의 문제점을 고스란히 보여 주는

또 다른 나라가 필리핀입니다.

대한민국 시민이 먹는 바나나 대부분은 필리핀에서 수입한 것입니다.

119

반면에 쌀이 주식인 필리핀은 세계 5위의 쌀 수입국입니다.

쌀을 생산하면 될 텐데, 필리핀 농장을 지배하는

플랜테이션 산업체가 바나나 재배에만 열을 올리고 있죠.

이런 산업적 불균형이 필리핀 사회의 빈부격차, 불평등, 부의 유출,

사회적 혼란을 야기하고 있습니다.

물 먹는 하마,
아보카도

몇십 년 전만 해도 '아보카도'라는 과일을 아는 사람은 극소수였습니다.

그런데 어느 날부터 아보카도라는 과일이 건강에도 좋고

맛도 좋다는 소문이 널리 퍼졌죠.

아보카도가 건강에도 좋고 고급스러운 음식이라고 한
미디어의 영향 때문이었을까요?

미국을 중심으로 아보카도 열풍이 불기 시작했습니다.
이러한 열풍은 세계화 시대를 맞아 유럽, 동아시아 등으로
널리 퍼지기 시작했습니다.

오늘날 전 세계 아보카도 시장의 규모는 약 200억 달러에
달하는 것으로 알려져 있습니다. 우리나라 시민들도
아보카도를 대중적인 과일로 소비하고 있죠.

우리나라 아보카도 수입량
(단위:t(톤))

2012년
534

2015년
1,515

2018년
11,645

2021년
16,734

'슈퍼푸드'라 알려지면서 아보카도 수입량은 10년이 채 되지 않았는데도
30배 이상 증가했다.

그렇다면 이 많은 아보카도는 어디서 재배하는 것일까요?

아메리카 대륙이 원산지인 아보카도는 전 세계 여러 곳에서 재배합니다.

그런데 아보카도 재배에 필요한 아주 중요한 조건이 있습니다.

바로 엄청나게 많은 물입니다.

그뿐 아닙니다.

아보카도는 값이 비싼 과일입니다. 반면 아보카도를
재배할 수 있는 토양은 제한적이죠.
결국 아보카도 농장은 다른 플랜테이션 작물에 비해
큰 이익이 발생합니다. 그 결과 아보카도 농장을
둘러싸고 갈등이 발생하기도 합니다.

세계 곳곳에서 아보카도 재배로 인해
드넓은 숲과 우림이 사라지고 있습니다.
이에 전 세계 환경 단체들과 정부가 숲과 우림 지키기에
나서 보지만, 큰 성과를 거두지 못하고 있죠.
아보카도 재배지를 둘러싸고 범죄 조직, 토지 소유자,
부패한 관리, 지역 유지들이 불법을 일삼기 때문입니다.

그 대표적인 곳이 멕시코입니다.
멕시코는 세계 최대의 아보카도 생산국으로
세계 생산량의 30% 이상을 담당할 정도죠. 그 가운데서도 미초아칸주는
핵심 지역으로, 멕시코 생산량의 80%를 차지하고 있습니다.

더 놀라운 것은 멕시코가 생산하는 아보카도 대부분을
미국으로 수출한다는 것입니다. 그래서 미초아칸주는
미국 아보카도 산업에서도 핵심 지역입니다.
이곳에서의 아보카도 수출이 막히면
미국의 아보카도 가격은 치솟을 게 분명하니까요.
하지만 이런 상황을 이용해 분쟁을 일으키는 이들도
있습니다. 바로 멕시코 갱단입니다.
이들은 미초아칸주를 장악하고, 아보카도 재배자로부터 금품을 뜯거나
농장을 장악하는 등 온갖 만행을 저지르고 있습니다.

이에 멕시코 정부에서는 미국에 불법적으로 생산·유통되는

아보카도 수입 금지를 요청하였습니다.

그러나 미국 정부는 아랑곳하지 않고

멕시코산 아보카도 수입을 더욱 늘리고 있죠.

이에 멕시코에서 농사짓고 활동하는 사람들은

이렇게 말하고 있습니다.

아보카도의 대규모 경작으로 인한 문제는 비단 멕시코만의
문제는 아닙니다.
칠레, 페루 등 많은 남아메리카 국가들이 아보카도
플랜테이션의 확장으로 인해 환경적 고통, 물 부족,
농약 중독, 폭력 조직 등의 위협에 허덕이고 있습니다.
그러나 아보카도를 즐기는 돈 많은 나라의 소비자들은
그런 사실에 전혀 관심이 없는 듯합니다.

소비자들은 값싸고 유명 상표가 붙어 있다면, 그 상품을 생산하는

누군가가 피를 흘리건, 목숨을 잃건 상관하지 않고 구매합니다.

또, 몸에 좋다거나 맛이 좋다고 선전하는 제품이라면

엄청난 이산화탄소를 내뿜는 배에 실려 태평양을 건너와도 환영이죠.

그 배가 내뿜는 이산화탄소로 인해 지구온난화가 가속화하는 것에는

관심을 기울이지 않습니다.

50년 전에는 존재조차 몰랐던 수많은 작물, 이를테면

아보카도, 망고, 키위, 두리안, 파파야, 리치, 구아바,

멜론, 코코넛, 마카다미아, 람부탄 같은 것들을

대한민국 시민들 역시 거리낌 없이 즐기고 있습니다.

그 작물들이 우리에게 오기까지 수많은 노동자가 흘린

땀과 눈물, 잃어버린 삶과 가족 따위는 생각하지 않으며

그 작물들이 우리 앞에 놓이기까지 소비된 화석연료가

얼마일지도 생각하지 않습니다.

기분 좋게 먹는 데 걸림돌이 될 뿐이니까요.

그러고는 돌아서서 지구온난화를 일으키는 사람들을 비난하죠.

그게 바로 우리 자신임에도 불구하고 말입니다.

플랜테이션 농업은 우리와 관계없는 먼 나라 이야기가 아닙니다.

바로 우리 밥상, 우리 식탁 위에 놓인 음식과 재료에 얽힌 이야기입니다.

우리가 지구를 위해, 환경을 위해, 함께 살아가는

수많은 인류를 위해 행동하지 않으면 어떻게 될까요?

우리 역시 플랜테이션 농장을 운영하는 다국적 기업,

대농장주, 독재 정권, 강대국들의 비윤리적인 행위에

동참하는 것과 다르지 않을 것입니다.

공범이 될지, 더 나은 세상을 위해 우리들의 탐욕을 줄일 것인지.

결정은 우리의 몫입니다.

참고 문헌

도서
《글로벌시대의 음식과 문화》, 우문호 외 5인 지음, 학문사.
《라틴아메리카 식민사》, 최영수 지음, 대한교과서.
《라틴아메리카의 역사-상·하》, 벤자민 킨, 키스 헤인즈 지음, 김원중, 이성훈 옮김, 그린비.
《라틴아메리카의 역사》, 카를로스 푸엔테스 지음, 서성철 옮김, 까치.
《현대 라틴아메리카》, 토머스 E. 스키드모어, 피터 H. 스미스, 제임스 N. 그린 지음, 우석균, 김동환
　　　외 7인 옮김, 그린비.
《라틴아메리카 문제와 전망》, 잰 니퍼스 블랙 편저, 중남미지역원 번역팀 옮김, 이담북스.
《피와 불 속에서 피어난 라틴아메리카》, 존 찰스 채스틴 지음, 황보영조, 김동조 옮김, 경북대학교
　　　출판부.
《독립과 나라 세우기》, 시몬 볼리바르 외 지음, 박병규 외 옮김, 동명사.
《기호와 탐닉의 음식으로 본 지리》, 조철기 지음, 따비.
《사회학사전》, 고영복 지음, 사회문화연구소.
《Encyclopaedia Britannica》
《두산백과》

논문
〈누에바 에스파냐의 사회정치적 단위로서의 원주민공동체〉, 박수경, Asian Journal of Latin
　　　American Studies, Vol. 27.

**언론사 및
웹사이트**
〈EBS〉, 플랜테이션 동영상.
〈시사인〉
〈한겨레신문〉
〈동아일보〉

〈중앙일보〉

〈Wikipedia〉

〈Guardian〉

〈Newyork Times〉

〈Washington Post〉

자료 출처   49쪽 바나나 수익 구조, 《기호와 탐닉의 음식으로 본 지리》, 조철기 지음, 따비, 236p.

57쪽 전 세계 담배 생산량, OWID(Our World in Data).

70쪽 미국 면화 재배 면적, USDA Economic Research Service.

71쪽 세계 면화 생산국 및 수출국, Global cotton production, import and export analysis in 2021-22 crop year, 〈Textile Today〉, 2022.09.20.

77쪽 사탕수수 재배 지역, 〈Wikipedia〉.

78쪽 세계 작물 생산 통계, FAOSTAT.

98쪽 커피 재배 지역, 〈Wikipedia〉.

세계 커피 1인당 연간 소비량, WorldPopulation Review.

103쪽 커피 한 잔의 수익 구조 비교, 아름다운 가게(좌), 옥스팜(우).

122쪽 우리나라 아보카도 수입량, 관세청.

**그림 및
사진 출처**   75쪽 공정무역 마크©국제공정무역기구(https://wfto-europe.org)

그 외 〈Wikimedia Commons〉

illustoria

일러스트와 함께 보는,
현재 그리고 미래를 살아갈
우리가 반드시
알아야 할 이야기!

001
세상을 바꾼 87km
셀마 대행진

박정주 글 | 소복이 그림
160쪽 | 13,500원

★행복한아침독서 아침독서 추천도서(청소년)
★제21회 대한민국 독서대회 지정도서
★한국어린이출판연합 이달의 꼭 만나볼 책
★한우리독서토론논술 선정도서
★청소년출판모임 책꽃이 추천 도서

002
빠르게 만들고
빠르게 버리는 옷의 비밀
패스트 패션

기획집단 MOIM 글 | 이해정 그림
104쪽 | 13,500원

★서울시교육청 강서도서관 추천도서
★한우리독서토론논술 선정도서
★청소년출판모임 책꽃이 추천도서

003
지도를 바꿔 버린
유럽의 식민지 전쟁
아프리카 쟁탈전

기획집단 MOIM 글 | 2da 그림
160쪽 | 14,500원

★고래가숨쉬는도서관 신학기 추천도서
★월간 책씨앗 추천도서
★청소년출판모임 한 학기 한 책 읽기 추천도서

004
인류가 낳은
인류 파괴 BUTTON
핵무기의 모든 것

기획집단 MOIM 글 | 이크종 그림
176쪽 | 15,000원

★월간 책씨앗 추천도서
★고래가숨쉬는도서관 신학기 추천도서
★청소년출판협의회 이달의 청소년 책
★서울시교육청 용산도서관 추천도서

005

광고의 역사부터
애드테크까지

광고의 모든 것

김재인 글 | 위수연 그림
152쪽 | 15,000원

★경기중앙교육도서관 사서와 함께
　행복한 책읽기 추천도서
★국립어린이청소년도서관 추천도서
★파주시 중앙도서관 눈에 띄는 책
★속초시립도서관 추천도서

006

끊이지 않는 전쟁,
갈등, 외교를 이해하는 지름길

지정학의 모든 것

기획집단 MOIM 글 | 이크종 그림
144쪽 | 15,000원

★전국지리교사모임 추천
★월간 책씨앗 추천도서

007

인류 문명이 꽃핀
6,400km

실크로드

황동하 글 | 나수은 그림
104쪽 | 15,000원

★월간 책씨앗 추천도서
★고래가숨쉬는도서관 여름방학 추천도서

008

인류가 만든 차단과
분리의 역사

장벽의 모든 것

기획집단 MOIM 글 | 신병근 그림
122쪽 | 15,000원

★월간 책씨앗 추천도서
★고래가숨쉬는도서관 추천도서

글 | 기획집단 MOIM

출판의 새로운 모색과 독자들과의 즐거운 소통을 위해 출판 기획자와 文문·史사·철哲 대중교양서 저술가, 번역가 등의 전문가들이 모인 기획집단입니다. MOIM은 우리말로 '교양을 갖춘 모든 사람을 모이게 한다', 영어로는 'Mozart's Imagination'의 줄임말로, 상상과 창의가 가득한 책을 내고자 하는 바람을 담고 있습니다. 그동안 펴낸 책으로는《사기열전 1, 2》《고사성어랑 일촌 맺기》《브레히트의 서푼짜리 오페라》《비글호에서 탄생한 종의 기원》《갈리아 전기》《갈릴레이의 생애》《한자의 신》《패스트 패션》《아프리카 쟁탈전》《핵무기의 모든 것》 등이 있습니다.

그림 | 김지하

반려견과 함께 식물을 가꾸며 살고 있는 일러스트레이터입니다. 일상의 소소한 이야기와 상상을 모아 두었다 그림으로 표현합니다. 지금까지 그린 책으로는《궁금했어, 태양계》《에너지는 왜 중요할까?》《우리가 교문을 바꿨어요!》《슬기로운 소비생활》《10대에 작가가 되고 싶은 나, 어떻게 할까?》 등이 있습니다.